AF561081

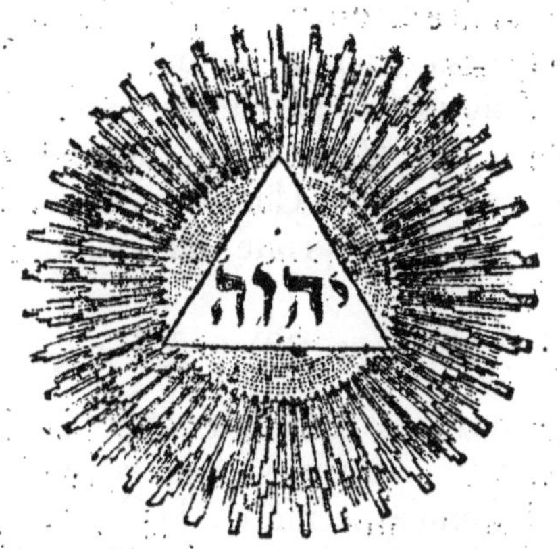

A.·. L.·. G.·. D.·. G.·. A.·. D.·. L'U.·.

GRAND ORIENT

DES ANCIENS, FRANCS ET ACCEPTÉS MAÇONS D'HAITI.

GRAND PROTECTEUR DE L'ORDRE.

S.·. Ex. JEAN-PIERRE BOYER, PRÉSIDENT D'HAITI.

Le Dimanche 17.e jour du 11.e mois A.·. L.·. 5835,
(ère vulg.·. 17 Janvier 1836.)

LA GRANDE CHAMBRE SYMBOLIQUE s'est réunie conformément aux Réglemens généraux, et les travaux ont été ouverts en due forme.

Présens :

Le T.·. R.·. F.·. *B. Ardouin*, Député G.·. M.·.;
Les VV.·. FF.·. *Preston*, 1.er G.·. Surv.·.;
Bouchereau, 2.[d] G.·. Surv.·.;

Ainsi que des membres à vie et temporaires du G.·. O.·., des Représentans particuliers des Loges occupant les autres charges ou ornant les colonnes.

Le Grand Secrétaire a donné lecture de la planche du Comité général, qui a été sanctionnée selon l'usage.

Ensuite, il a été invité par le T.·. R.·. Dép.·. G.·. Maître à rendre compte des affaires qui devaient être soumises aux délibérations de la Grande Chambre Symbolique.

Ce Vén.·. F.·. s'est exprimé en ces termes :

« TT.·. Ch.·. et RR.·. FF.·.,

» Vous apprendrez sans doute avec plaisir que, conformé-
» ment à vos vœux exprimés dans la première tenue du mois
» de Janvier de l'année dernière, le T.·. Resp.·. G.·. Maître a
» autorisé l'installation de la Loge *la Républicaine*, à l'O.·. du
» Port-de-Paix ; et d'après la constitution qui lui a été délivrée,
» elle prend rang au N.° 19. Cet Ill.·. F.·. a désigné pour pro-
» céder à cette importante cérémonie, le Vén.·. F.·. *Corvoi-*
» *sier*, un de vos membres.

» La correspondance entre le Grand Secrétaire et les Loges
» de l'obédience n'ayant pas été moins active que par le passé,
» les pièces parvenues au Secrétariat ont été communiquées au
» Conseil des Desseins généraux, qui a consacré à leur examen
» plusieurs séances ; et après mûres réflexions, il a cru devoir
» prendre sur chacune des matières qu'elles concernent, les
» décisions que je vais avoir la faveur de vous rapporter.

» La R.·. Loge N.° 14, à l'O.·. de l'*Anse-d'Hainaut*, a
» fait parvenir l'expédition du jugement de trois années de sus-
» pension de travaux qu'elle a rendu contre un de ses membres,
» le F.·. *N*****, qui, en s'écartant de son devoir, a mérité
» l'improbation de ses FF.·.

» Ce jugement ayant été maintenu par le Conseil, il a
» été décidé que connaissance en serait donnée à ce Resp.·.
» Atelier, afin qu'il fût autorisé à en faire la communication
» aux Loges de l'obédience.

» La R.·. Loge N.° 10, à l'O.·. de *Bany*, ayant fait
» savoir que ses travaux qui avaient été suspendus ont repris
» vigueur, le Conseil a accueilli cette communication avec le
» plus vif intérêt, et il a chargé le Grand Secrétaire d'en
» donner avis aux Loges de l'obédience.

» Le même Atelier a fait savoir qu'il a suspendu de ses

» travaux le F.·. *N****, un de ses membres, qui est aussi
» membre de la R.·. Loge N.° 8, jusqu'à ce que ce F.·. se
» mette d'aplomb envers lui, tant pour ses rétributions parti-
» culières que pour l'œuvre de la grande charité que ce F.·.
» doit depuis son initiation. La Loge a exposé en même temps
» qu'elle a cru devoir prendre une pareille résolution contre ce
» F.·., attendu qu'il n'a jamais fait aucune réponse aux planches
» qui lui ont été adressées plusieurs fois à cet égard.

» Le Conseil a décidé que le jugement rendu par ce R.·.
» Atelier serait maintenu; mais que le Grand Secrétaire lui
» ferait observer que, conformément aux résolutions prises par
» la Grande Chambre Symbolique en Janvier 1832, si le F.·.
» *N**** avait payé l'œuvre de la grande charité à la Loge
» N.° 8, son débet serait déchargé de tout ce qui a trait à
» cet objet; car le but des Réglemens généraux étant de faire
» contribuer annuellement tous les membres de la fraternité au
» fonds de bienveillance, il suffit que les FF.·. aient satisfait
» à cette rétribution une fois, pour avoir rempli ce but.

» La Loge a exposé aussi que le F.·. *N****, membre
» de la R.·. Loge N.° 11, à l'O.·. de *Santo-Domingo*, lui
» doit une certaine somme depuis plusieurs années, et que malgré
» les plaintes qu'elle a fait parvenir à cette R.·. Loge en faisant
» valoir sa réclamation, elle n'a pu obtenir aucune satisfaction
» de ce F.·.; ce qui l'a obligé à prendre la résolution de
» solliciter l'intervention du G.·. O.·. pour lui faciliter les moyens
» de recouvrer ce qui lui est dû.

» Le Conseil, ayant pris en considération la démarche toute
» fraternelle que fait la Loge N.° 10, a décidé qu'une planche
» serait adressée à la R.·. N.° 11, pour lui recommander cette
» demande et l'inviter à employer ses bons offices près du F.·.
» *N****, pour le porter à satisfaire à ses engagemens envers
» cette R.·. Loge.

» Il a reçu communication de toutes les pièces concernant
» l'affaire des FF.·. *N**** et *N****, condamnés à une exclusion
» perpétuelle, de la R.·. Loge N.° 3, à l'O.·. de *Jérémie*, par
» son jugement du 15 Février 1835.

» Le Conseil, après les avoir mûrement examinées, a con-
» sidéré principalement qu'il résulte des faits énoncés aux susdits
» documens, que si les FF.·. *N**** et *N**** avaient d'abord

» formé le dessein coupable d'en venir aux mains, ils ont aussi
» cédé aux instances de plusieurs de leurs FF.·., tendantes à
» leur faire renoncer à ce projet ; et que la R.·. Loge N.° 3,
» dans une tenue où un recours avait été exercé en faveur du
» F.·. *N****, s'était prononcée à une assez forte majorité pour
» l'amendement du premier jugement.

» Attendu que ces circonstances atténuent le cas pour lequel
» ils ont été condamnés, et considérant en outre le temps qui
» s'est écoulé depuis leur éloignement du sein de l'Atelier, il
» a pensé que ce ne serait point causer d'altération aux prin-
» cipes de notre Ordre, si la R.·. Loge offrait à ces FF.·.
» une voie de salut : et en conséquence, il a décidé que l'ex-
» clusion des FF.·. *N**** et *N**** ne devra durer que jusqu'au
» moment où ces FF.·. auront témoigné à leur R.·. Loge un juste
» repentir de leur faute et fait une due soumission, conformément
» au vœu des Réglemens généraux.

» Les RR.·. Loges N.° 16, à l'O.·. des *Gonaïves*, et 17
» à l'O.·. de l'*Anse-à-Veau*, avaient adressé leurs Réglemens
» particuliers pour être soumis à la sanction de la Grande Ch.·.
» Symbolique : le Conseil les ayant examinés, il a porté
» à leur rédaction plusieurs amendemens que je suis chargé de
» vous soumettre.

» La R.·. Loge N.° 15, à l'O.·. de *Puerto-Plata*, ayant
» fait parvenir ses Réglemens qui ont été amendés conformément
» aux observations qui lui avaient été faites précédemment, le
» Conseil a décidé qu'ils seraient soumis à votre sanction.

» La Resp.·. Loge N.° 5, de cet O.·., ayant annoncé
» la radiation de son tableau des FF.·. *N****, *N****, *N****,
» *N**** et *N****, cinq de ses membres, qui ont manqué de
» remplir envers elle les obligations auxquelles ils étaient assu-
» jettis,

» Le Conseil a décidé que cette disposition serait commu-
» niquée aux Loges de l'obédience.

» Il a pris aussi une pareille décision à l'égard de la radiation
» qui a été prononcée par la R.·. Loge N.° 9, à l'O.·. de
» *Seybo*, contre quatre de ses membres, les FF.·. *N****,
» *N.****, *N**** et *N****, pour le même motif.

» Il a reçu communication d'une planche adressée au T.·.
» Ill.·. G.·. Maître, par laquelle la R.·. Loge N.° 7, à l'O.·.

» de *Saint-Marc*, a donné connaissance qu'elle se disposait à » poser la première pierre du Temple qu'elle élève au G.·. » A.·. de l'U.·.

» A cette occasion, le Grand Secrétaire a fait savoir que » le T.·. Resp.·. G.·. Maître a déféré ses pouvoirs au Vén.·. » F.·. *Bonnet*, ex-G.·. Surv.·., pour procéder à cette solennité, » et a autorisé en même temps cet ex-G.·. Officier de désigner » des FF.·. de son choix pour l'assister en cette circonstance.

» La R.·. Loge N.° 2, à l'O.·. des *Cayes*, avait fait par- » venir l'expédition d'un jugement en vertu duquel le F.·. *N****, » un de ses membres, a été rayé de son tableau, pour avoir » manqué aux principes de l'Ordre, par des outrages faits à » un de ses FF.·. Le F.·. condamné ayant interjeté appel » contre le jugement dont s'agit, le Conseil, après avoir pris » connaissance des pièces relatives à cette affaire, a considéré » que le fait imputé au F.·. *N****, ne se trouvant pas démenti » par ce F.·, dans son appel au G.·. O.·., et vu la gravité » du cas judicieusement apprécié par la R.·. Loge N.° 2, il » a maintenu le jugement de radiation prononcé contre ce F.·.

» La R.·. Loge N.° 8, à l'O.·. de *Santo-Domingo*, ayant » signalé au G.·. O.·. des irrégularités fortement répréhensibles » qui auraient été commises par la R.·. Loge N.° 10, à l'O.·. » de *Bany*, le Conseil a considéré que les faits articulés par » la R.·. Loge N.° 8 sont évidemment contraires aux prin- » cipes de l'Ordre et préjudiciables à sa prospérité. En con- » séquence, il a cru devoir nommer une commission pour se » transporter sur les lieux, afin d'examiner les livres, les pro- » cès-verbaux des tenues de cette Loge et de recueillir des » renseignemens positifs sur les infractions qui sont signalées. » A cet effet, il a désigné les Vén.·. FF.·. *José Couto*, » *Noverto Linares* et *Julian de Alponte*, membres du G.·. » O.·., résidans à l'O.·. de *Seybo*, qu'il a autorisés de » s'adjoindre deux autres FF.·. qu'ils choisiront pour procéder » avec eux à cette investigation. Néanmoins, dans les vues de » faciliter à ces TT.·. Ch.·. FF.·. l'accomplissement de cette » mission, le Conseil a décidé, que du nombre cinq qui » a été déterminé, trois d'entr'eux suffiront à la rigueur pour » l'exécution de cet important objet.

» Cette commission a été expressément invitée de faire par-

» venir au Conseil un rapport circonstancié sur le résultat de
» ses informations, comme devant servir à vous éclairer dans
» l'examen de cette affaire.

» Un compte a été présenté au Conseil, s'élevant à la somme
» de 40 gourdes, pour les frais des funérailles du feu F.·.
» *Fracauque*, Serv.·. du G.·. O.·., décédé l'année dernière.
» Il a cru devoir approuver cette dépense.

» Les matières dont j'avais à vous entretenir étant épuisées,
» je terminerai ici ce rapport, mes FF.·., en me réservant
» toutefois de vous communiquer les planches qui sont parvenues
» au Secrétariat et qui font partie de la correspondance ordinaire. »

La Grande Chambre Symbolique a successivement examiné les résolutions du Conseil des Desseins généraux dont le rapport ci-dessus fait mention ; et, les trouvant toutes conformes aux principes de l'Ordre, elle les a sanctionnées, sauf l'amendement qu'elle a cru devoir porter à ce qui est relatif aux FF.·. *N**** et *N****, membres de la R.·. Loge N.° 3.

Elle fait observer qu'en sanctionnant la décision du Conseil concernant cette affaire, elle ne prétend point préjudicier aux droits d'association ; car dans le cas même où ces FF.·. viendraient à faire leur soumission à cette R.·. Loge, il doit être laissé à sa sagesse de les admettre parmi ses membres ou de ne pas le faire, par la raison qu'on ne peut obliger une Loge ou tout autre Atelier à recevoir dans son sein des sujets qu'elle croirait ne pas devoir y admettre.

Toutefois, si une due soumission était faite de la part des FF.·. *N**** et *N****, elle suffirait pour les réintégrer dans l'exercice de leurs qualités maçonniques, et par conséquent pour les rendre habiles à s'affilier à tous autres Ateliers de l'obédience.

La Grande Chambre Symbolique a accueilli favorablement la nomination du Vén.·. F.·. *S. Laborde* en qualité de Représentant de la R.·. Loge N.° 17, à l'O.·. de l'*Anse-à-Veau*.

Après, elle a donné sa sanction aux Réglemens particuliers de la R.·. Loge N.° 15, à l'O.·. de Puerto-Plata.

Elle a pris connaissance en même temps des rapports qui lui ont été présentés par le Conseil des Desseins généraux, concernant les Réglemens particuliers des RR.·. Loges N.os 16 et 17 qu'il était chargé d'examiner.

Les amendemens proposés ayant été agréés, le F.·. Grand Secrétaire a été chargé de les communiquer à ces RR.·. Ateliers afin qu'ils aient à s'y conformer.

Puis, elle a pris connaissance d'une planche du Vén.·. F.·. *J.-M. Caminero*, Grand Officier en exercice du G.·. O.·., accompagnant une esquisse du procès-verbal de l'installation de la R.·. Loge *la Parfaite Harmonie*, N.° 18, à l'O.·. d'*Azua*, à laquelle il a eu la mission de procéder en vertu d'une délégation du T.·. Ill.·. G.·. Maître.

La Grande Chambre Symbolique a reçu communication d'une supplique adressée au G.·. O.·. par des maçons résidans à Miragoâne, pour constituer une Loge en cet endroit; et reconnaissant la régularité de leur demande qui est recommandée par la R.·. Loge N.° 13, à l'O.·. d'*Aquin*, elle leur a accordé la constitution qu'ils ont demandée, en écartant du nombre des impétrans les FF.·. *N****, *N****, *N****, *N**** et *N****, de la R.·. Loge N.° ..., qui ont des obligations à remplir envers elle, jusqu'à ce qu'ils y aient satisfait.

Ensuite, elle a pris connaissance d'une planche du G.·. O.·. de France, par laquelle ce Resp.·. Corps exprime au G.·. O.·. d'Haïti, qu'appréciant l'importance et la haute pensée qui le dirigent dans la résolution qu'il a prise de répandre parmi les maçons d'Haïti les connaissances maçonniques et philosophiques du rit Ecossais, il a accueilli spontanément et par un vote unanime, dans ses différentes Chambres et dans son G.·. Collége des rits, la demande qui lui a été faite par le G.·. O.·. d'Haïti, des Instructions nécessaires pour professer ce rit.

Le G.·. O.·. de France a fait connaître en même temps que conformément au vœu exprimé par le G.·. O.·. d'Haïti, l'Ill.·. F.·. *Frémont*, membre du G.·. O.·. et Grand Inspecteur Général du rit Ecossais, a été délégué par le Suprême Conseil et le Grand Collége des rits pour conférer les différens degrés jusques et y compris le 33.e, aux six RR.·. FF.·. qui avaient été désignés à cet effet.

Puis, l'assemblée a reçu communication de l'acte de transmission délivré par cette Puissance maçonnique pour l'exercice du rit.

Et enfin, le T.·. Ill.·. F.·. *Frémont* a donné communication des autres documens y relatifs, ainsi que des pouvoirs qui lui sont conférés par le G.·. O.·. de France pour procéder à la collation des degrés, comme il est dit ci-dessus.

Ces pouvoirs portent que dans la prévision éventuelle que des circonstances de force majeure ne permettraient pas au R.·. F.·. *Frémont* de remplir la mission qui a été confiée à ses soins, le G.·. O.·. de France a chargé le F.·. *Eyssalenne*, l'un des membres de la R.·. Loge N.° 1.er, qu'il venait d'admettre au 33.e degré, de l'y suppléer : mais en observant qu'il serait uniquement pour assister ce R.·. F.·., si rien ne s'oppose à l'accomplissement de sa mission.

La lecture de ces divers documens a occasionné le plus vif plaisir à l'assemblée, qui a trouvé dans les procédés si fraternellement employés par le G.·. O.·. de France la preuve irrécusable de la réciprocité des sentimens d'union maçonnique que lui porte le G.·. O.·. d'Haïti.

En conséquence, la Grande Chambre Symbolique a accepté à l'unanimité les actes ayant trait à cette importante transaction qui repose sur les principes de l'Ordre et sur ceux d'une exacte égalité entre ces deux Puisances maçonniques.

A cette occasion, les Vén.·. FF. *C. Ardouin*, Grand Orateur, et *Ethéart*, Grand Trésorier, ont produit conjointement une proposition ainsi conçue :

« Nous proposons la création d'une Commission centrale, » composée de neuf membres, dont le tiers sera désigné par » chacune des trois grandes sections du G.·. O.·., laquelle aura » pour attributions de préparer un projet de Statuts généraux, » approprié au nouveau principe adopté par le G.·. O.·., lequel » projet sera porté à l'examen et à la sanction de la Grande » Chambre Symbolique, du Suprême Chapitre de R.·. A.·. » et du Suprême Grand Conclave.

« Par le fait de la création de cette Commission centrale, » la Commission des rits actuellement existante devra cesser » d'exister.

» O.·. du Port-au-Prince, le 10 Janvier A.·. D.·. 1836.

Le Grand Orateur, C. Ardouin.

Le Grand Trésorier, L. Ethéart.

Cette proposition, mise en délibéraion, a été adoptée par l'assemblée, et il a été résolu que les trois FF∴ que devra désigner la Grande Chambre Symbolique seront au choix du T∴ Resp∴ G∴ Maître.

Aussitot après, le F∴ Grand Secrétaire a été chargé de donner connaissance de cette disposition au Suprême Grand Chapitre de R∴ A∴ et au Suprême Grand Conclave.

Puis, la Grande Chambre Symbolique a pris connaissance de deux planches, dont une de la R∴ Loge N.° 12, à l'O∴ de *Léogane*, et l'autre du F∴ *Bocage*, membre de ce R∴ Atelier.

Les matières qu'elles concernent ont été renvoyées à la considération du Conseil des Desseins généraux.

Le Grand Secrétaire a ensuite donné communication des planches qu'il a reçues des Loges de l'obédience; les unes accompagnant les procès-verbaux d'installation des Officiers de divers Ateliers ou responsives aux circulaires qui leur avaient été adressées, et les autres transmettant les tableaux de leurs membres et les rétributions qu'elles devaient à la caisse de l'Ordre.

Le Vén∴ F∴ Grand Trésorier a présenté un aperçu de la situation de la caisse, d'où il résulte ce qui suit:

Existant en caisse au 1.er Février 1835...	592 g.	43 3/4
Reçu de différentes Loges pour rétributions.	629	12 1/2
TOTAL des Recettes............	1221 g.	56 1/4
Payé à divers, appert reçus..........................	1012	68 3/4
RESTE en caisse au 17 Janvier 1836.	208 g.	87 1/2

Les travaux étant terminés, le R∴ Dép∴ G∴ Maître les a fermés en due forme.

—ooo—

Le Dimanche 24.e jour du 11.e mois A∴ L∴ 5835,
(ère vulg∴ 24 Janvier 1836.)

LA GRANDE CHAMBRE SYMBOLIQUE, régulièrement convoquée pour procéder à l'installation du T∴ Resp∴ G∴ Maître et des Grands Officiers, les travaux ont été ouverts en ample forme.

Présens :

Le T∴ R∴ F∴ *B. Inginac*, Grand Maître ;
Le T∴ R∴ F∴ *B. Ardouin*, Dép∴ G∴ Maître ;
Les Vén∴ FF∴ *Preston*, 1.er G∴ Surveillant ;
Bouchereau, 2.d G∴ Surv∴ ;

Ainsi que des membres à vie et temporaires du G∴ O∴ et des Représentans particuliers des Loges occupant les autres charges.

Les colonnes étaient ornées des membres des Loges N.os 1.er et 5 et d'autres Ateliers de l'obédience.

La Commission qui avait été désignée par le T∴ Resp∴ Grand Maître pour s'assurer de la régularité des FF∴ qui demandaient à assister aux travaux ayant rempli sa mission, le G∴ Maître des Cérémonies a été invité de les introduire dans le Temple.

Immédiatement après, les TT∴ Ch∴ FF∴ *Payont*, *Baudrier*, *Gaubault* et *J. Marty*, membres de differentes Loges de la juridiction du G∴ O∴ de France, ont été introduits. Placés à l'O∴, le T∴ Ill∴ Grand Maître leur a exprimé la satisfaction qu'éprouvait l'assemblée de voir assister à ses travaux des visiteurs étrangers qui venaient partager les douceurs de la fraternité et concourir à étendre et fortifier davantage la chaîne indestructible qui unit les maçons d'Haïti à leurs FF∴ de toutes les contrées. Cet Ill∴ F∴ a fait tirer en leur faveur une triple batterie. L'un d'eux, au nom de tous, a répondu à ces félicitations dans les termes les plus fraternels, et tous ensemble ont de suite rendu les batteries qui ont été aussitôt couvertes.

La réunion de ce jour ayant toujours offert au G∴ O∴ l'occasion de renouveler au T∴ Ill∴ Grand Protecteur de l'Ordre les sentimens de vénération que lui portent les maçons d'Haïti, le T∴ R∴ Grand Maître a désigné pour remplir ce devoir, une députation, composée des Vén∴ FF∴ *Acloque*, *Ducoudré*, *Beans*, *R. Dauphin*, *Estevan Myreillis* et *J.-P. Lafontant*.

Le T∴ R∴ Grand Maître, après avoir rappelé à l'assemblée que le but principal de la tenue était de procéder à l'installation des Grands Officiers, a fait une allocution aux FF.·. sur cette importante cérémonie.

Aussitôt, le Vén.·. F.·. Grand Secrétaire a été invité de donner lecture de l'extrait de la planche du 26 Juillet dernier, relative aux dernières élections. Le T.·. Resp.·. F.·. *J.-B. Inginac*, ayant été désigné pour occuper de nouveau la Grande Maîtrise, a résigné les pouvoirs de sa charge au Vén.·. F.·. *B. Ardouin*, son Député, et s'est retiré dans les parvis du Temple, accompagné d'une députation de cinq FF.·.

Peu après, une autre députation, composée de sept Grands Officiers, a été envoyée pour décorer le T.·. R.·. G.·. Maître des insignes du pouvoir dont il allait être revêtu.

Ensuite, cet Ill.·. F.·. ayant été annoncé, l'entrée du Temple lui a été accordée avec tous les honneurs dûs à sa dignité. Arrivé à l'autel, et après avoir prêté son obligation, le T.·. R.·. Grand Maître a été dûment sacré et installé et s'est placé sur le trône aux applaudissemens unanimes de l'assemblée.

Puis, le T.·. R.·. Dép.·. G.·. Maître a renouvelé le serment d'obéissance que requièrent nos antiques usages.

Après quoi, le T.·. R.·. Grand Maître a fait savoir à la Grande Chambre Symbolique que, satisfait de la conduite du Vén.·. F.·. *B. Ardouin*, et pour rendre hommage à ses qualités personnelles et à son dévouement à l'Ordre, il le continuait dans les fonctions délicates de Dép.·. G.·. Maître qu'il a dignement remplies depuis plusieurs années. L'installation de ce Grand Dignitaire a été accueillie avec les plus vifs applaudissemens. Cet Ill.·. F.·. y a répondu avec l'expression de la plus franche cordialité, et il a terminé par donner au T.·. Ill.·. Grand Maître un témoignage de sa sincère gratitude.

En ce moment, la députation qui avait été chargée de porter au T.·. Ill.·. Grand Protecteur l'expression de nos vœux, s'étant présentée à la porte du Temple, a été introduite.

Elle a fait savoir que cet Ill.·. Maçon était sensible à cette preuve de notre amour, et qu'il a daigné lui exprimer qu'appréciant les principes qui font la base de notre sublime institution, il s'est toujours convaincu que, bien dirigée, elle aura nécessairement pour effet l'union, la concorde, et par conséquent le bonheur de la société; qu'en cette haute considération, son cœur fraternel formait les vœux les plus ardens pour la prospérité de l'Ordre en Haïti.

Ces paroles éminemment maçonniques ont été accueillies avec le plus vif plaisir par tous les FF.·. présens à cette solennité.

Ensuite, les autres Grands Officiers ont été régulièrement installés et proclamés comme suit :

Les Vén.·. FF.·.

C. Ardouin, à la charge de 1.er G.·. Surv.·. ;
Ethéart, 2.d G.·. Surveillant ;
Pierre André, G.·. Orateur ;
Pouponneau, G.·. Trésorier ;
Mahotière, G.·. Archiviste et G.·. Secrétaire ;
Vidal, 1.er G.·. Diacre ;
Dubuis, 2.d G.·. Diacre ;
Daguerre, G.·. Architecte ;
Duval, G.·. Maître des Cérémonies ;
Courty, G.·. Porte-Glaive ;
Sélémon, *Simonise*, *Lallemand*, Grands Int.·.

Et l'assemblée y a applaudi par un triple *huzza*, auxquels ces Vén.·. FF.·. ont répondu.

Après, le T.·. Resp.·. Grand Maître s'est adressé à l'assemblée en ces termes :

« Mes FF.·.,

» Ceux appelés à la direction des corporations, sont quel-» quefois obligés de dévier des règles établies pour leur servir » de guide ; et cela pour saisir l'à-propos des circonstances en » faveur desquelles il n'a pas été possible de faire aucune pré-» vision, puisque les pensées humaines ne peuvent atteindre aux » connaissances qui n'appartiennent qu'au G.·. A.·.

» C'est d'après cette considération que je vais, mes Ch.·. » FF.·., en m'écartant des Statuts de ce G.·. O.·., vous en-» tretenir d'une circonstance toute particulière à la solennité de » ce jour, et qui devra ajouter à l'allégresse de tous les » cœurs francs et loyaux maçons.

» Le G.·. O.·. qui est votre ouvrage, et qui veille avec une » sollicitude toujours constante à la conservation des principes

» d'unité sur lesquels repose notre fraternité, n'avait pu voir sans » un profond chagrin les nuages de la hideuse discorde s'amon- « celer et se fixer sur un petit point au midi de notre horizon, et » dont le prétexte était la différence dans le rit maçonnique; » comme si l'ordre parfait pouvait viser à plusieurs buts. Après » des efforts à la persévérance desquels vous avez tous participé » avec un saint enthousiasme, dans les vues honorables de rallier, » pour l'honneur de la maçonnerie, tous les zélateurs de l'Ordre » en Haïti sous la même obédience, le G.·. O.·., fidèle obser- » vateur de votre volonté, librement exprimé par vos Repré- » sentans, résolut de cumuler et avec le rit Haïtien dans lequel » il avait pris naissance, le rit Ecossais ancien et accepté, » qu'il ne possédait pas.

» Pour atteindre à cette fin, comme Puissance maçonnique » nationale, le G.·. O.·. ne voulut procéder dans cette entre- » prise que le plus ouvertement, et le plus loyalement que la » saine raison par excellence pouvait le lui inspirer. Il s'adressa » donc à la Puissance maçonnique française avec laquelle il » était en correspondance sur le pied de la plus parfaite égalité, » pour avoir par un traité réciproquement obligatoire, la colla- » tion des degrés du rit Ecossais, en faveur d'un certain nombre » de ses membres, afin de former un Suprême Conseil de » 33.e et dernier degré de ce rit, d'être par ce moyen à » même d'en revêtir régulièrement les maçons qui, en Haïti, » se montreraient désireux de travailler sous l'Ecossisme, et » enfin d'user encore d'un moyen de rapprocher les anneaux » épars de la maçonnerie dans la République, et de rétablir » la grande chaîne emblématique de l'indissoluble concorde, de » la franche et sincère amité, qui doit régner à jamais entre » tous les haïtiens.

» Après une assez longue attente, occasionnée par une mort » déplorable, les désirs du G.·. O.·. ont été comblés. Celui » de France s'y était prêté avec une bonne volonté qui ne peut » que resserrer davantage les liens qui unissent ces deux Puis- » sances. Le G.·. O.·. d'Haïti aura donc incessamment dans » son sein une 4.e section, en état de répondre aux espérances » de tous les FF.·. dont les vertus maçon.·. et l'amour du » travail donneront des droits aux récompenses que l'Ordre » peut décerner.

» Mes TT∴ Ch∴ FF∴, quoique j'en aie le cœur navré » de douleur, il faut cependant vous le dire, qu'au moment » où les bal∴ du T∴ R∴ G∴ O∴ de France nous par- » venaient, il arrivait aussi, sous le masque de l'anonyme, » des paquets contenant des brochures, dont le but apparent » était de nous prémunir contre le droit du G∴ O∴ de France, » de nous accorder l'Écossisme, mais dont la maligne tendance » était plutôt d'exciter des méfiances dans nos cœurs, et d'ouvrir » un champ libre à la discorde. Ces écrits, œuvres du désespoir » et de l'intrigue, pourraient être combattus avec avantage, si » notre objet n'était pas de nous éloigner de toute polémique. » Et d'ailleurs, mes FF∴, le dédain avec lequel vous avez » accueilli ces étincelles d'une ridicule ambition et d'un pitoyable « machiavélisme, est la réponse la plus victorieuse qui pouvait » être faite à ceux qui professent de si tristes sentimens, comme » aussi la preuve la moins équivoque que vous ne serez jamais » les jouets de l'intrigue, ni non plus ne servirez de marche- » pied pour renverser notre avancement maçonnique. Pour for- » tifier votre opinion dans cette circonstance, qu'il vous suffise » de vous rappeler toujours que *la vraie lumière nous a fait » connaître, que le droit appartient à la masse, et que le » privilége n'est plus du siecle dans lequel nous vivons.* Cette » masse, mes FF∴, vous la trouverez dans la longue nomen- » clature des francs-maçons répandus sur la surface du globe, » qui obéissent au T∴ R∴ G∴ O∴ de France, ce qui » garantit à nous maçons haïtiens de l'obédience du G∴ » O∴ national, indépendant de toute Puissance étrangère, bon » accueil, fraternité et amitié par tout le monde maçonnique.

» Mes TT∴ Ch∴ FF∴, une ère nouvelle luit pour nous; » profitons-en pour nous imposer de nouvelles obligations, en » nous fortifiant de plus en plus dans la pratique de toutes les » vertus sociales et individuelles. La renommée haïtienne s'en » ressentira, et le bienfait réjaillira sur la nation dont une » partie des sommités appartient déjà ou désire appartenir à » l'Ordre.

» Dans les temps anciens, dans ces temps d'égoïsme et d'igno- » rance, tout était mystère et privilége. Aveugler et abrutir les » hommes, était le moyen employé pour mieux les dominer! » Mais, TT∴ Ch∴ FF∴, la franche-maçonnerie a déchiré

» le voile de l'erreur, et a répandu, pour la civilisation, les
» plus grands bienfaits. Soyons énergiques dans l'observance
» de nos devoirs, n'altérons pas par aucune faiblesse, la vraie
» doctrine maçonnique; soyons invariables dans les principes
» de justice, d'équité, d'égalité de droits; efforçons-nous, en
» dispensant les lumières, d'exciter l'amélioration des moeurs,
» parmi les zélateurs de la maçonnerie, et le G.·. A.·. bénira
» nos travaux.

» TT.·. Ch.·. FF.·., il ne serait pas possible de supposer
» que vous n'ayez voulu être maçons que pour rencontrer des
» amusemens et des plaisirs!.... Le Grand Etre qui vous inspira
» l'idée de rechercher le sanctuaire silencieux des vertus, vous
» ouvrait une carrière immense de devoirs à observer, et vous
» préparait un bel avenir, des célestes récompenses, qui vous
» attendent. Or, rappelez-vous donc, mes FF.·., que l'homme
» voyageur en ce monde, est destiné au repos éternel, et que
» pour en être digne, il faut que de bonne heure il tâche
» de se dépouiller des vices qu'enfantent l'injustice, la vanité,
» la présomption; il faut que, interrogeant souvent sa cons-
» cience, il n'en reçoive que des témoignages satisfaisants, et
» jamais le reproche d'aucun méfait. Aimons-nous donc les uns
» les autres, vraiment, fortement, sans faiblesse, car ce serait
» mal entendre l'amitié que de cacher, sous son masque, la
» vérité à nos semblables. Ne faisons aux autres que ce que
» nous attendons pour nous-mêmes: ainsi nous nous égarerons
» difficilement, et serons toujours préparés à arriver avec séré-
» nité au dénouement de la vie.

» Avant de nous livrer aux réjouissances de ce jour, faisons,
» mes Ch.·. FF.·., deux actes de gratitude. Le premier: Ex-
» primons par un triple *vivat* la reconnaissance que nous devons
» à l'Ill.·. et bien-aimé F.·. Jean-Pierre Boyer, Grand Pro-
» tecteur de notre Ordre, de la puissante et bienveillante pro-
» tection dont il a constamment entouré notre institution, et
» appelons sur cet auguste F.·. toutes les bénédictions du G.·. A.·.

» Le second: Faisons retentir ces voûtes, par un triple *vivat*,
» de notre joie et de nos remercîmens de l'accueil que le T.·.
» R.·. G.·. O.·. de France a fait à notre appel concernant le
» rit Ecossais ancien et accepté. Prouvons à cette Puissance,
» par notre ferme résolution à soutenir l'indépendance maç.·.

» d'Haïti, que nous sommes dignes de figurer dans le grand » tableau des FF.·. maçons qui ont pour devise, *patrie, hon-» neur et fidélité aux principes de justice et d'équité.* »

Une triple batterie a été tirée en faveur du T.·. Ill.·. Grand Protecteur, en reconnaissance de sa bienveillante protection et de sa constante sollicitude pour notre sublime institution.

Ensuite, un triple *vivat* a été pareillement tiré en témoignage de notre gratitude pour les procédés si fraternellement employés par le G.·. O.·. de France envers le G.·. O.·. d'Haïti.

Le Vén.·. F.·. *Frémont*, garant d'amitié du G.·. O.·. de France près le G.·. O.·. d'Haïti, a répondu en ces termes :

« Mes Ch.·. FF.·.,

» Avant cette heureuse circonstance, le G.·. O.·. de France » avait donné des témoignages bien sincères de son amitié au » G.·. O.·. d'Haïti. Souvenez-vous du rapport que je vous fis à » mon retour de France, de l'accueil fraternel que je reçus » tant de ce sénat maçonnique que des Loges et des FF.·. » de son obédience.

» Dans le sein de ce Grand Corps, j'ai entendu prononcer » ces mots : *Cimentons à jamais notre union avec nos esti-» mables FF.·. d'Haïti, ils sont vraiment dignes de notre » amitié ; ils sont vraiment dignes de jouir comme nous du » bénéfice de la civilisation qui appelle les enfans du même » Dieu à participer au saint banquet. Que le baiser donné en » ce jour à leur Député, notre bien-aimé F.·. Frémont, leur » soit transporté malgré la distance qui nous sépare.*

» Oui, mes FF.·., ce sont les sentimens de tous les mem-» bres du G.·. O.·. de France. Garant de son amitié près » de vous, je vous dirai qu'il vous jure une fraternelle amitié : » qu'il recevra toujours avec plaisir toutes communications qu'il » plaira au G.·. O.·. d'Haïti de lui faire, et qu'il saisira » avec empressement toutes les occasions pour vous prouver » qu'il désire votre prospérité.

» Il m'est bien agréable, en cette solennité, de pouvoir ré-» pondre au nom du G.·. O.·. de France aux acclamations

» fraternelles dont vous venez de faire retentir cette voûte » sacrée. »

Assisté du G.·. Maître des Cérémonies, cet Ill.·. F.·. a rendu les batteries qui avaient été tirées en faveur du G.·. O.·. de France.

A cette occasion, la Grande Chambre Symbolique a résolu que, pour consacrer l'alliance intime qui existe entre les deux Grands Orients, il sera frappé une médaille emblêmatique, analogue au sujet; laquelle devra être adressée au G.·. O.·. de France pour preuve de notre profond souvenir et de nos sentimens d'amitié envers cette Puissance maçonnique.

Le T.·. Ill.·. Grand Maître a remis au F.·. Grand Secrétaire trois planches qui seront soumises à la considération du Comité de bienveillance.

Le tronc des pauvres ayant circulé, a produit une somme qui a été remise au Vén.·. F.·. chargé d'en faire la répartition.

Minuit ayant sonné et les travaux de ce jour étant terminés, le T.·. Ill.·. Grand Maître les a fermés en ample forme.

—ooo—

Le 31.e jour du 11.e mois A.·. L.·. 5835,
(ère vulg.·. 31 Janvier 1836.)

La Grande Chambre Symbolique dûment convoquée, s'est réunie au local ordinaire de ses séances, et les travaux ont été ouverts en ample forme.

Présens :

Le T.·. R.·. F.·. *B. Inginac*, Grand Maître;
Le T.·. R.·. F.·. *B. Ardouin*, Dép.·. G.·. Maître;
Les Vén.·. FF.·. *C. Ardouin*, 1.er G.·. Surv.·.;
Ethéart, 2.^d^ G.·. Surv.·.;

Ainsi que des membres à vie et temporaires du G.·. O.·., et des Représentans particuliers des Loges occupant les autres charges ou ornant les colonnes.

Le T.·. R.·. Grand Maître a annoncé à l'assemblée que, conformément à l'arrêté pris dans la tenue du 17, il a désigné les Vén.·. FF.·. *Acloque*, *J. Paul* et *Plésance*, pour faire partie de la Commission centrale.

Ensuite, ce R.·. F.·. a donné connaissance que le T.·. Ill.·. F.·. *Frémont*, nanti des pouvoirs spéciaux du G.·. O.·. de France pour conférer les degrés du rit Ecossais aux six Resp.·. FF.·., membres du Grand Conclave, qui avaient été désignés, a rempli la mission qui lui avait été confiée par ce R.·. Corps; et que par suite de cette collation, le nombre suffisant des Grands Inspecteurs Généraux, membres du G.·. O.·. d'Haïti, se trouvant réunis, *le Suprême Conseil des Grands Inspecteurs Généraux, 33.*e *et dernier degré du rit Ecossais ancien et accepté*, s'est constitué le 25.e jour de ce mois, dans le sein du G.·. O.·. et sous sa sup.·. puissance, conformément aux résolutions prises précédemment en ses trois sections; et qu'en conséquence, le G.·. O.·. est composé en ce moment de quatre sections qui forment sa nouvelle organisation.

Cet Ill.·. F.·. a fait savoir en même temps que, vu l'absence de l'un des six FF.·. qui avaient été désignés pour composer ce Suprême Conseil, il lui a été suppléé un Vén.·. F.·. dont le nom avait figuré dans la première liste qui avait été adressée au G.·. O.·. de France.

Le T.·. Resp.·. Grand Maître a ensuite annoncé à la Grande Chambre Symbolique que le procès-verbal de la constitution du Suprême Conseil lui sera communiqué à sa prochaine réunion.

La Grande Chambre Symbolique se considérant suffisamment informée, par l'annonce du T.·. Resp.·. Grand Maître, de la constitution du Suprême Conseil, l'admet à faire partie intégrante du G.·. O.·. d'Haïti.

En ce moment, l'assemblée a pris connaissance d'un projet de Réglement relatif à une nouvelle organisation provisoire du G.·. O.·., présenté par la Commission centrale.

La Grande Chambre Symbolique considérant que le Suprême Conseil qui vient de s'établir doit concourir à la rédaction de ce projet par ses commissaires, en ajourne l'examen et la discussion jusqu'à la tenue de dimanche prochain, 7 de Février.

Et vu l'heure avancée de la séance du jour, le T.·. Resp.·. Grand Maître a fermé les travaux en ample forme.

—000—

Le 7.e jour du 12.e mois A∴ L∴ 5835,
(ère vulg∴ 7 Février 1836.)

La Grande Chambre Symbolique réunie au local ordinaire de ses séances, les travaux ont été ouverts en due forme par

Les TT∴ RR∴ FF∴ *B. Ardouin*, Dép∴ G∴ M∴;
C. Ardouin, 1.er G∴ Surv∴;
Ethéart, 2.d G∴ Surv∴.

Des membres à vie et temporaires du G∴ O∴ et des Représentans particuliers des Loges occupaient les autres charges ou ornaient les colonnes.

Le T∴ R∴ Dép∴ G∴ Maître a rappelé à l'assemblée que, dans la dernière tenue, le T∴ Ill∴ Grand Maître avait informé la Grande Chambre Symbolique de la constitution du *Suprême Conseil des Grands Inspecteurs Généraux*, 33.e *et dernier degré du rit Ecossais ancien et accepté*, et lui avait annoncé en même temps qu'à la première tenue elle aurait eu communication de l'acte constitutif de ce Corps qui forme en ce moment la quatrième section du G∴ O∴.

En conséquence, lecture a été donnée de cette pièce qui a été agréée par la Grande Chambre Symbolique comme exprimant un fait résultant de ses résolutions prises dans les tenues précédentes.

Les trois commissaires nommés par le Suprême Conseil, s'étant réunis aux neuf FF∴ qui avaient été primitivement désignés par les trois autres sections, pour former la Commission centrale, ont concouru à la rédaction du projet de Réglement provisoire qu'elle avait à soumettre au G∴ O∴. Ce projet, arrêté et signé par les membres de ladite Commission, composée des Vén∴ FF∴ *B. Ardouin*, *J.-F. Lespinasse*, *Preston*, *C. Ardouin*, *Ethéart*, *Bouchereau*, *Gétin*, *Pouponneau*, *Pierre André*, *Acloque*, *J. Paul* et *Plésance*, a été présenté à la Grande Chambre Symbolique.

Le Grand Secrétaire en ayant donné lecture, il a été délibéré sur chacune des dispositions qui y sont contenues: et il est résulté que les 24 articles dont se compose ce projet ont été adoptés et sanctionnés par la Grande Chambre Symbolique.

Elle a également adopté et sanctionné, après lecture faite par le Grand Secrétaire, un autre projet de Réglement présenté par la Commission centrale, en 5 articles, tendant à inviter les Loges de l'obédience à nommer chacune un F.·. possédant au moins le 3.e degré et résidant habituellement au Port-au-Prince, pour devenir membre à vie du G.·. O.·.

Et l'heure avancée de la tenue n'ayant pas permis à la Grande Chambre Symbolique de se livrer à d'autres travaux, elle a été ajournée à jeudi prochain 11 du courant.

—ooo—

Le 11.e jour du 12.e mois A.·. L.·. 5835,
(ère vulg.·. 12 Février 1836.)

La Grande Chambre Symbolique, dûment convoquée pour la formation de ses Conseils conformément aux Réglemens généraux, s'est réunie au local ordinaire de ses séances. Les travaux ont été ouverts en due forme par les TT.·. RR.·. FF.·.

B. Ardouin, Dép.·. G.·. Maître ;
C. Ardouin, 1.er G.·. Surv.·. ;
Pouponneau, 2.d G.·. Surv.·. *p.·. t.·.*

Des membres à vie et temporaires du G.·. O.·. et des Représentans des Loges occupaient les autres charges ou ornaient les colonnes.

Le T.·. R.·. Député G.·. Maître a rappelé à l'assemblée que le but de la réunion de ce jour était la formation des Conseils. Il a fait savoir en même temps que le T.·. Ill.·. Grand Maître continuant à être malade et ne pouvant assister à la tenue, l'avait chargé de faire les nominations qui lui sont attribuées par les Réglemens généraux.

En conséquence, il a redésigné le Vén.·. F.·. *Bazelais* pour occuper la présidence du Conseil des Desseins généraux, et a nommé les Vén.·. FF.·. *Preston*, *Bouchereau*, *Viau*, *Pierre André* et *Mahotière*, membres.

Immédiatement après, l'assemblée a élu les Vén.·. FF.·. *Daguerre*, *Frémont*, *Duval*, *Pouponneau* et *Courty* pour compléter le susdit Conseil.

Passant à la formation du Conseil des Finances, le T.·. R.·. Député G.·. Maître a désigné le Vén.·. F.·. *Preston* pour en être le Président, et les Vén.·. FF.·. *Bazelais*, *Pouponneau* et *Duval*, membres. L'assemblée a élu les Vén.·. des RR.·. Loges N.os 1.er, 8 et 12.

Pour la formation du Conseil des Ouvrages, présidé par le Vén.·. F.·. G.·. Architecte, le Vén.·. F.·. *Daguerre* en a été reconnu Président, et le T.·. R.·. Dép.·. G.·. Maître ayant désigné les Vén.·. FF.·. *Duval*, *Pierre André* et *Courty* pour en faire partie, l'assemblée a complété ledit Conseil par les Vén.·. des RR.·. Loges N.os 2, 8 et 9.

Ensuite, le T.·. R.·. Dép.·. G.·. Maître a nommé une députation, composée des Vén.·. FF.·. *C. Ardouin*, *Pouponneau*, *Daguerre*, *Ledoux* et *V. Poil*, pour se transporter près du T.·. Ill.·. Grand Maître, afin de lui témoigner toute la douleur que nous ressentons de sa maladie et lui exprimer en même temps les voeux que nous formons pour son prompt rétablissement.

Les travaux ayant atteint leur perfection, le T.·. R.·. Dép.·. G.·. Maître les a fermés en due forme.

Pour copie conforme aux minutes :

Le G.·. Archiviste et G.·. Secrétaire,

MAHOTIERE.

EXTRAITS DU LIVRE D'OR

DU GRAND ORIENT D'HAITI,

EN SON SUPRÊME G∴ CHAP∴ DE R∴ A∴

Tenue du 21.e jour du mois de Janvier 1836, ère vulg∴

Le Grand Chancelier a donné lecture au Sup∴ G∴ Chap∴ d'une grav∴ qui lui est adressée par la Grande Chambre Symbolique, accompagnant une planche du G∴ O∴ de France et l'acte de transmission nécessaire pour l'exercice du rit Ecossais ancien et accepté, que le G∴ O∴ a pris la résolution de cumuler dans son sein. Elle expose que par suite de la communication qu'elle a reçue de ces documens, elle a eu à délibérer sur une proposition qui lui a été présentée par deux de ses membres. (Voir le contenu à la page 8).

Le Sup∴ Grand Chap∴, appréciant la régularité de ces documens, en a voté l'acceptation et a en même temps arrêté qu'ils seront transmis au Sup∴ Grand Conclave.

L'assemblée approuvant la formation de la Commission centrale, a chargé le T∴ Ex. G∴ M∴ Z∴ de nommer les Comp∴ qui devront en faire partie.

En conséquence, le T∴ Ex∴ G∴ M∴ a désigné pour cet effet les Comp∴ *C. Ardouin*, *Pierre-André* et *Pouponneau*.

Ensuite, le Sup∴ Grand Chap∴ a pris connaissance d'une demande formée par plusieurs Comp∴ résidans à l'O∴ de Saint-Marc, tendante à obtenir une constitution pour établir en ce lieu un Chap∴ de R∴ A∴, sous le titre distinctif des *Théosophes*.

Cette constitution a été octroyée, et le premier Z∴ sera le T∴ Ex∴ ex-Maître *G.-J. Bonnet*; le premier A∴, le Comp∴ *A.-J. Constantin*; et le premier J∴, le Comp∴ *J.-F.-L. Legendre*.

Tenue du 31 Janvier.

Le T.·. Ex. G.·. M.·. Z.·. a annoncé au Sup.·. Grand Chap.·. que le T.·. Ill.·. F.·. *Frémont* ayant rempli la mission dont l'avait chargé le G.·. O.·. de France, en conférant aux six membres désignés les degrés du rit Ecossais ancien et accepté, et se trouvant en nombre compétent, ils ont constitué le *Suprême Conseil des Grands Inspecteurs Généraux*, 33.e *et dernier degré*, sous la suprême puissance du Grand O.·. d'Haïti.

Le T.·. Ex.·. G.·. M.·. a fait savoir en même temps que, vu l'absence de l'un des six Comp.·. qui avaient été désignés pour compléter le Suprême Conseil, il lui a suppléé un autre Comp.·. dont le nom avait figuré dans la première liste qui avait été adressée au G.·. O.·. de France.

Ensuite, il a fait savoir au Sup.·. Chap.·. que le procès-verbal de la constitution du Suprême Conseil lui sera communiqué à sa prochaine réunion.

Le Sup.·. G.·. Chap.·. de R.·. A.·., reconnaissant la régularité des travaux desdits Grands Inspecteurs Généraux, admet ledit Suprême Conseil à faire partie du G.·. O.·. d'Haïti, comme une quatrième section.

Puis, il a pris connaissance d'un projet de Réglement relatif à une nouvelle organisation provisoire du G.·. O.·., présenté par la Commission centrale.

Le Sup.·. Grand Chap.·., considérant que le Suprême Conseil qui vient de s'établir doit concourir à la rédaction de ce projet par ses commissaires, en ajourne la discussion jusqu'à la tenue prochaine.

Tenue du 7 Février.

Lecture a été donnée de l'acte constitutif du *Suprême Conseil des Grands Inspecteurs Généraux*, 33.e *et dernier degré du rit Ecossais ancien et accepté.* Cette pièce a été agréée par le Sup.·. Grand Chap.·., comme exprimant un fait résultant de ses résolutions prises dans les tenues précédentes.

Les trois commissaires nommés par le Suprême Conseil

s'étant réunis aux neuf FF.·. qui avaient été primitivement désignés pour former la Commission centrale, ont concouru à la rédaction du projet de Réglement provisoire qu'elle avait à soumettre au G.·. O.·.. Ce projet, arrêté et signé par les membres de ladite Commission, a été présenté au Sup.·. Grand Chap.·..

Le Grand Chancelier en ayant donné lecture, il a été délibéré sur chacune des dispositions qui y sont contenues; et il est résulté que les 24 articles dont se compose ce projet ont été adoptés et sanctionnés par le Sup.·. G.·. Chapitre qui a arrêté la transmission de cette pièce au Sup.·. Grand Conclave.

Pour copie conforme aux minutes :

MAHOTIERE,

G.·. Chanc.·.

EXTRAITS DU LIVRE D'OR

DU GRAND ORIENT D'HAÏTI,

EN SON SUPRÊME GRAND CONCLAVE.

(*Tenue du* 21 *Janvier* 1836). Après un nouvel examen de la demande faite par plusieurs Ill.·. Chev.·. d'une Patente pour tenir un Souv.·. Camp.·. à la Vall.·. de Jérémie, près de la R.·. Loge N.° 4 et du Souv.·. Chap.·. de R.·. A.·. N.° 8, le Sup.·. Grand Conclave accorde la Patente au nouveau Camp.·., sous le titre des *Trinosophes*.

Ensuite, le T.·. Em.·. G.·. M.·. fait donner lecture d'un bal.·. adressé au Sup.·. Grand Conclave par le Sup.·. Grand Chapitre de R.·. A.·., accompagnant les documens reçus du T.·. Resp.·. G.·. O.·. de France pour l'exercice du rit Ecossais ancien et accepté, en conséquence du principe de la cumulation des rits adopté par le G.·. O.·. d'Haïti, en ses trois grandes sections, ainsi que de la délibération prise par la Grande Chambre Symbolique et par le Sup.·. Grand Chap.·. de R.·. A.·. pour la formation d'une Commission centrale.

Le Sup.·. Grand Conclave, après avoir examiné attentivement les documens sus relatés, les trouvant en harmonie avec les principes généraux et essentiels de l'Ordre, déjà proclamés par le G.·. O.·. d'Haïti, a voté leur acceptation et a arrêté qu'ils seront retournés à la Grande Chambre Symbolique, chargée de répondre aux bal.·. du T.·. Resp.·. G.·. O.·. de France.

Le motif de la formation de la Commission centrale ayant été agréé, le T.·. Em.·. G.·. M.·. a été chargé de désigner les membres du Suprême Conclave qui devront en faire partie. Ce T.·. Ill.·. Chev.·. a immédiatement fait choix des Ill.·. Chev.·. *B. Ardouin*, *Ethéart* et *Gétin*.

Ensuite, le T.·. Em.·. G.·. M.·. expose au Sup.·. Conclave que, primitivement, dix Ill.·. Chev.·. avaient été désignés au T.·. Resp.·. G.·. O.·. de France, pour recevoir la collation des degrés supérieurs de l'Ecossisme, mais qu'ensuite cette liste avait été réduite à six ; et qu'en ce moment, l'un de ces six Ill.·. Chev.·. se trouvant absent de la Vall.·., cette circonstance pourra entraver la conclusion de l'important objet dont le G.·. O.·. s'occupe en ce moment, et qu'ainsi, il y aurait nécessité d'appeler l'un des Ill.·. Chev.·. portés sur la liste générale en remplacement du Chev.·. absent : le Suprême Grand Conclave y a donné son assentiment.

(*Tenue du* 31 *Janvier* 1836). Le T.·. Em.·. G.·. M.·. fait savoir au Sup.·. G.·. Conclave que les six Ill.·. Chev.·. qui avaient été désignés pour recevoir la communication des degrés supérieurs du rit Écossais ancien et accepté, les ayant reçus du T.·. Ill.·. F.·. *Frémont*, assisté de l'Ill.·. F.·. *Eyssalenne*, délégués à cet effet par le T.·. R.·. G.·. O.·. de France, ces six illustres Chev.·., réunis à l'Ill.·. Chev.·. Frémont, le 25 Janvier courant, se sont constitués en *Sup.·. Conseil des SSS.·. GGG.·. III.·. GGG.·., 33.e et dernier degré du rit Écossais ancien et accepté, dans* [illegible] *O.·. d'Haïti et sous sa suprême puissance*; [illegible] inopinée de l'un de ces sept Ill.·. Chev.·. [illegible] dier l'acte de cette constitution, mais qu[illegible] uniqué au G.·. Conclave dans sa prochai[illegible]

Le Sup.·. Grand Conclave, [illegible] admis le Suprême Conseil, nouvellement [illegible] 4.e section du G.·. O.·. d'Haïti, attendu que [illegible] conséquence nécessaire des résolutions prises en Août et Octobre 1833.

Ensuite, l'Em.·. Dép.·. Grand Maître, Président de la Commission centrale, donne lecture d'un projet de Réglement provisoire pour une nouvelle organisation du G.·. O.·., jusqu'à la révision définitive des Statuts et Réglemens généraux. Mais le Sup.·. Conclave, estimant que le Suprême Conseil doit participer à la discussion et à la rédaction de ce projet, a renvoyé à n'en prendre connaissance, qu'après que trois membres de cette nouvelle section se seront réunis à cet effet à la Commission centrale.

(*Tenue du* 7 *Février* 1836). L'Em.·. Dép.·. G.·. M.·., présidant le Sup.·. Grand Conclave, en l'absence du T.·. Em.·. G.·. Maître, communique à l'assemblée une copie authentique de l'acte constitutif du Sup.·. Conseil, portant la date du 25

Janvier 1836, et transmise par le Suprême Conseil. Le Sup.·. Grand Conclave en a ordonné le dépôt dans ses archives.

Le Grand Chancelier donne lecture du projet de Réglement provisoire présenté par la Commission centrale et déjà voté par la Grande Chambre Symbolique et par le Sup.·. G.·. Chap.·. de R.·. A.·. Après examen, le Sup.·. G.·. Conclave a adopté le susdit Réglement rédigé en 24 articles, et a arrêté que le G.·. Chancelier le transmettra au Sup.·. Conseil, après y avoir apposé la sanction du Sup.·. Grand Conclave.

Pour extraits conformes aux minutes :

Le Grand Chancelier,

G. ARDOUIN.

EXTRAIT DU LIVRE D'OR

DU GRAND ORIENT D'HAITI,

EN SON SUPRÊME CONSEIL DES SSS.·. GGG.·. III.·. GGG.·., 33e. ET DERNIER DEGRÉ DU RIT ÉCOSSAIS ANCIEN ET ACCEPTÉ.

—ooo—

A.·. L.·. G.·. D.·. G.·. A.·. D.·. L'U.·.

ORDO AB CHAO.

NOUS, *Joseph-Balthazar Inginac*, Grand Maître du G.·. O.·. d'Haïti; *Auguste-Jean-Pierre Nau*, ex-G.·. Maître; *Jean-François Lespinasse*, ex-Dép.·. G.·. Maître; *Charles Bazelais*, 1.er G.·. Cap.·. du G.·. Conclave; *Marie-Eustache Frémont*, 2.e G.·. Cap.·. dudit G.·. Conclave; *Charles-Antoine Preston*, ex-G.·. Prél.·. dudit; *Alexandre Bouchereau*, ex-G.·. Trés.·. dudit; tous possédant les grades de Chev.·. T.·. K.·. du *rit Haïtien*, et de Grands Insp.·. Gén.·., 33.e et dernier degré du *rit Ecossais ancien et accepté*;

Etant ce jour assemblés au local occupé par le G.·. O.·. d'Haïti; et le T.·. Ill.·. F.·. *Frémont*, de qui nous venions de recevoir la collation des degrés du rit Ecossais, ayant représenté qu'il était urgent qu'on se constituât immédiatement en Suprême Conseil du rit;

Le T.·. Ill.·. Grand Maître expose que le G.·. O.·. ayant résolu à l'affirmative la question de la cumulation des rits et chargé une commission de préparer le travail nécessaire pour parvenir à ce but, il était résulté que la demande avait été faite au G.·. O.·. de France des instructions particulières au *rit Ecossais ancien et accepté*; que ce respectable Corps avait adressé des pouvoirs au T.·. Ill.·. F.·. Frémont, l'un de nous, garant d'amitié du G.·. O.·. de France près du G.·. O.·. d'Haïti, pour, avec l'assistance du T.·. Ill.·. F.·. Eyssalenne, Grand Insp.·. Gén.·., 33.e et dernier degré du rit Ecossais, et membre de la R.·. Loge l'Amitié des Frères réunis, N.o 1.er, O.·. du

Port-au-Prince, conférer les degrés de ce rit aux six membres désignés par le G.·. O.·. d'Haïti : et qu'enfin cette collation des degrés dudit *rit Ecossais ancien et accepté* venait de s'exécuter dans la tenue de ce jour.

En conséquence de cet exposé, et pour remplir le but que s'était proposé le G.·. O.·. d'Haïti de former dans son sein un Suprême Conseil de Grands Insp.·. Gén.·., 33.e et dernier degré, chargé d'administrer dans sa juridiction et sous sa suprême puissance les hauts degrés du *rit Ecossais ancien et accepté*, le T.·. Ill.·. Grand Maître propose de nous constituer immédiatement en *Suprême Conseil des Puissans Souverains Grands Inspecteurs Généraux*, 33.e *et dernier degré du rit Ecossais ancien et accepté*, et d'en donner sans délai avis au G.·. O.·. d'Haïti.

Cette proposition ayant été mise en délibération, nous les membres du G.·. O.·. d'Haïti ci-dessus dénommés et qualifiés ;

Vu la décision prise par la Grande Chambre Symbolique dans sa tenue du 11 Août 5833 ;

Celle prise par le Suprême Grand Chapitre de R.·. A.·., le 27 Octobre suivant ;

Celle prise par le Suprême Grand Conclave le 25 du mois d'Août 5833 :

Vu le balustre délivré par le G.·. O.·. de France, sous la date du 9 Octobre 5835, tendant à la transmission des connaissances et mystères du *rit Ecossais ancien et accepté*, en faveur du G.·. O.·. d'Haïti, et les pouvoirs conférés à cet effet au T.·. Ill.·. F.·. Frémont par ledit G.·. O.·. de France, en date du 15 Octobre susdit ;

Considérant qu'il est de la plus urgente nécessité que le Suprême Conseil se constitue immédiatement ;

Nous adoptons en tout son contenu la susdite proposition du T.·. Ill.·. Grand Maître, et en conséquence, nous déclarons nous constituer en Suprême Conseil des Puissans Souverains Grands Inspecteurs Généraux, 33.e et dernier degré du *rit Ecossais ancien et accepté*, avec pouvoir d'administrer les hauts degrés dudit rit dans le sein de la suprême puissance du G.·. O.·. d'Haïti ;

Arrêtons qu'un balustre sera adressé sans délai au G.·. O.·. avec copie du présent procès-verbal.

La constitution du Suprême Conseil étant ainsi proclamée, le T.·. Ill.·. F.·. Frémont a proposé d'en nommer les Grands Officiers: et cette proposition ayant été accueillie, il est résulté les choix suivans :

Les TT.·. Ill.·. FF.·.

Inginac, à la charge de G.·. Command.·. ;
Lespinasse, à celle de Lieut.·. G.·. Command.·. ;
Preston, à celle de Ministre d'Etat :
Bazelais, à celle de Secr.·. du St. Empire ;
Bouchereau, à celle de Trés.·. du St. Empire ;
Fremont, à celle de G.·. Maître des Cérém.·. ;
Nau, à celle de G.·. Cap.·. des Gardes.

Chacun des Elus a occupé de suite ses fonctions.

Ces élections achevées, le T.·. Ill.·. Grand Command.·. a demandé au Sup.·. Conseil s'il ne pensait pas comme lui qu'il était de notre devoir d'offrir au T.·. Ill.·. et très-honoré F.·. Jean-Pierre BOYER, Président d'Haïti et Grand Protecteur de l'Ordre, de lui communiquer les lumières du rit Ecossais ancien et accepté, en lui conférant le grade de Grand Insp.·. Général, 33.e et dernier degré.

Le Suprême Conseil, se rendant dans cette occasion l'interprète des sentimens fraternels des membres du G.·. O.·. d'Haïti pour l'Ill.·. Grand Protecteur de l'Ordre qui n'a cessé de donner des preuves de sa haute bienveillance aux maçons d'Haïti :

Arrête que le T.·. Ill.·. G.·. Command.·. est autorisé à prendre l'agrément du T.·. Ill.·. Grand Protecteur pour conférer à ce bien-aimé et Ill.·. F.·. le sublime grade de Grand Insp.·. Gén.·., aussitôt et de la manière qu'il l'aura jugé convenable.

Il a été nommé trois commissaires qui se réuniront à ceux des trois sections du G.·. O.·. d'Haïti, pour proposer un projet de Réglement provisoire pour l'administration de ce Suprême Corps représentatif des maçons d'Haïti. Ces commissaires sont les Grands Insp.·. Gén.·. *Lespinasse*, *Preston* et *Bouchereau*.

Les travaux du Suprême Conseil étant ainsi achevés, le T.·. Ill.·. G.·. Command.·. les a fermés avec toutes les cérémonies usitées.

Fait et clos le présent balustre à l'O.·. du monde, près du B.·. A.·., sous la voute céleste, au P.·. V.·. du Z.·., répondant au 18.e degré 33' 42" de lat∴ sept∴, et zéro de long∴ mérid∴, du Port-au-Prince ; le 7.e jour du mois lunaire appelé *Schevet*, de l'an de la V∴ L∴ 5836, (25 Janvier 1836, ère vulg.re), et avons signé *manu propriâ*.

B. INGINAC, Ate. NAU, Jn.-F.çois LESPINASSE, BAZELAIS, FRÉMONT, PRESTON, BOUCHEREAU.

Tenue du 8 Février 1836.

Le Souv∴ G∴ Command∴ fait savoir au Suprême Conseil que, d'après ce qui avait été arrêté dans la tenue du 25 Janvier, il avait porté au T∴ Ill∴ Grand Protecteur de l'Ordre les vœux du Suprême Conseil; que cet Ill∴ et bien-aimé F∴, jaloux de donner une nouvelle preuve de son amour fraternel et du vif intérêt qu'il prend à la prospérité du G∴ O∴ national, avait acquiescé à ces vœux, et qu'en conséquence, le T∴ Ill∴ Grand Protecteur de l'Ordre était investi du grade de Grand Inspecteur Général, 33.e et dernier degré du rit Ecossais ancien et accepté.

Cette communication du Souv∴ Grand Command∴ a fait éprouver une vive allégresse au Suprême Conseil.

Ensuite, lecture a été donnée du projet de Réglement provisoire présenté par la Commission Centrale et déjà arrêté par les autres sections du G∴ O∴. Après discussions, ledit Réglement, rédigé en 24 articles, est adopté par le Suprême Conseil. L'Ill∴ Sec∴ du St Empire demeure chargé de le renvoyer au Secrétariat de la Grande Chambre Symbolique, après y avoir apposé la sanction du Suprême Conseil.

Les GGG∴ Ill∴ GGG∴ *B Ardouin, Preston et Pouponneau* ont été désignés pour préparer un projet de Réglemens généraux pour le Supreme Conseil et pour l'administration du rit.

Pour extraits conformes aux minutes :

Le Secrétaire du St. Empire,

BAZELAIS.

ACTE de transmission du rit Ecossais ancien et accepté, de la part du G∴ O∴ de France en faveur du G∴ O∴ d'Haiti.

LUX EX TENEBRIS.

A∴ L∴ G∴ D∴ G∴ A∴ D∴ L'U∴

AU NOM ET SOUS LES AUSPICES DU SOUVERAIN G∴ MAITRE.

LE GRAND ORIENT DE FRANCE,

En son Suprême Conseil des Rits,

A TOUS NOS FF∴ CH∴∴,

S∴ S∴ S∴

LE GRAND ORIENT DE FRANCE, en vertu des constitutions et des lois de la franche-maçonnerie en France, tant en son nom qu'au nom du GRAND COLLÉGE DES RITS établi dans son ein; — Considérant la demande qui lui a été adressée sous la date du 30.e j∴ du 5e. m∴ 5834, par le très-respectable GRAND ORIENT D'HAITI avec lequel il est lié par les sentimens de l'estime et de l'amitié fraternelles, et par une correspondance intime et réciproque; — à l'effet d'obtenir du GRAND ORIENT DE FRANCE les instructions du *Rit Ecossais ancien et accepté*, depuis et compris le 1.er degré jusques et compris le 33.e et dernier; — et les droits et pouvoirs résultant des instructions dudit rit afin de l'établir et d'en conférer les degrés dans toute l'étendue du territoire et République d'Haïti; — Vu la délibération de la Grande Chambre Symbolique en date du 6.e j∴ du 8.e m∴ 5835, en ce qui concerne les degrés symboliques; — Vu la délibération de la Grande Chambre du Suprême Conseil des Rits, du 7.e j.·. dudit mois, en ce qui concerne les degrés supérieurs depuis et compris le 4.e degré jusques et compris le 33.e et dernier; — Voulant donner au très-respectable GRAND ORIENT D'HAITI une nouvelle marque de sa haute affection et répandre dans une contrée amie et sous l'autorité de la suprême puissance maçonnique dudit Grand Orient, les connaissances philosophiques et les lumières qui élèvent et éclairent l'esprit et peuvent ainsi multiplier les bienfaits de la franche-maçonnerie; — Le GRAND ORIENT DE FRANCE, par les présentes patentes constitutionnelles, confère et délègue au GRAND ORIENT D'HAITI les instructions, droits et pouvoirs des trente-trois degrés du rit Ecossais ancien et accepté, pour, par ledit Grand Orient d'Haïti, en jouir et faire jouir tous les maçons qu'il en jugera dignes, en créant des Loges, Chapitres, Conseils, Tribunaux, Consistoires et un Très-Puissant Suprême Conseil des Grands Inspecteurs Généraux auxquels il pourra déléguer les pouvoirs qui ressortiront de leurs attributions sous sa suprême puissance maçonnique; — Observant qu'un seul Conseil des Grands Inspecteurs Généraux, 33.e et dernier degré, peut être établi pour le territoire d'Haïti, dans le sein du Grand Orient lui-même. — En accordant lesdites patentes constitutionnelles, le GRAND ORIENT DE FRANCE s'oblige à ne créer et constituer à l'avenir aucun des Ateliers du rit Ecossais ancien et accepté dans le territoire d'Haïti, comme le GRAND ORIENT D'HAITI s'oblige, par l'effet de l'acceptation des présentes patentes constitutionnelles, à ne créer et constituer en France et lieux qui en dépendent aucun desdits Ateliers précités.

Donné au Grand Orient de France, le 9.e j.·. du 8.e m.·. de l'an de la V.·. L.·. 5835, (9 Octobre 1835, ère vulg.·.)

Le Grand Maître adjoint,

(Signé) AL. DE LABORDE.

Les Membres du Sup.·. Conseil des Rits: *Janin*, — *Faiola*, — *Presseveaux*, — *Véron*, *Comte de Favre*, — *Tondu*, — *Bott*, — *Bourrel*, — *Dulot*.

Les Membres de la Chambre de Correspondance et des Finances: *Bouilly*, — *Sanson*, — *L. Tardieu*, — *Ra-*

mel, — *Carriel*, — *Desneufbourgs*, — *Ragot*, — *De Buillache*, — *Clairain-Deslauriers*, — *Louvain-des-Fontaines*, — *A. Bauche*, — *Tarroux*.

Les Membres de la Chambre Symbolique: *De Tournay*, — *Arthaud*, — *Bourgoin*, — *Agirony*, — *Breuillaud*, — *Filon*, — *Labertonnière*.

Vu par nous Trésorier-Général du G.·. Orient de France, *P. Morand*.

Timbré et scellé par nous Garde des Sceaux et Timbre du G.·. Orient de France, *Camus*.

Timbré et scellé par nous Garde des Sceaux et Timbre de la Chambre des Correspondances et des Finances, *Renard*.

Timbré et scellé par nous Garde des Sceaux et Timbre du G.·. Orient en son Sup.·. Conseil des Rits, *C. Fréchot*.

Par Mandement du G.·. O.·. de France, *Bessin*.

GRAND ORIENT D'HAITI.

—ooo—

GRANDE CHAMBRE SYMBOLIQUE.

Gestion du F.·. Ethéart, G.·. Trés.·.

RECETTES. — 1835 à 1836.

	g.	c.
De la R.·. □ .·. N.° 1.er, pour 9 cahiers d'instruction	10	»»
De la Loge N.° 2, pour 9 cahiers d'instruction	10	»»
N.° 4, pour 9 dito . . .	10	»»
N.° 5, pour 9 dito . . .	10	»»
N.° 6, pour ses rétributions	80	»»
pour 9 cahiers d'instruction.	10	»»
N.° 7, pour ses rétributions	31	»»
pour dito	37	»»
N.° 8, pour ses rétributions	35	75
pour dito	18	»»
N.° 11, pour ses rétributions. . . .	119	»»
pour 9 cahiers d'instruction	10	»»
N.° 12, pour 9 cahiers d'instruction	10	»»
N.° 13, pour dito . . .	10	»»
N.° 14, pour dito . . .	10	»»
N.° 15, pour ses rétributions. . . .	51	»»
pour 9 cahiers d'instruction	10	»»
N.° 16, pour ses rétributions . . .	31	37 1/2
pour dito . . .	16	»»
pour 9 cahiers d'instruction	10	»»
N.° 17, pour ses rétributions. . . .	55	»»
pour 9 cahiers d'instruction	10	»»
N.° 19, pour sa constitution	25	»»
pour 9 cahiers d'instruction	10	»»
Existant en caisse en Janvier 1835.	592	43 3/4
TOTAL.	1221 g.	56 1/4

DÉPENSES. — 1835 et 1836.

Pour l'impression de 200 ex. de convocations.	4 g.	»» c.
dito de 200 ex. de procès-verb..	34	»»
dito de 100 têtes de lettres. . . .	3	»»
dito de 200 ex. de procès-verb.	20	»»
dito de 200 ex. d'instructions. .	200	»»
Pour le F.·. Rosemberg.	24	»»
Pour cumulation du rit Ecossais.	324	»»
Remboursement des frais du Secrétariat.. . .	200	»»
Une rame de papier.	3	50
Frais des funérailles du F.·. Fracauque. . .	40	»»
Au F.·. Servant, pour 13 mois.	104	»»
Rafraîchissemens	56	18 3/4
TOTAL.	1012 g.	68 3/4
BALANCE en faveur du G.·. O.·. . .	208	87 1/2
	1221 g.	56 1/4

Il résulte que le G.·. O.·. a eu une recette de mille deux cent vingt-une gourdes cinquante-six centimes un quart, et qu'il a eu une dépense de mille douze gourdes soixante-huit centimes trois quarts. Et il reste en caisse, le 24 Janvier de cette année, deux cent huit gourdes quatre-ving-sept cent. et demi.

Port-au-Prince, le 24 Janvier 1836.

Ls. ETHÉART, *G.·. Trés.·.*

IMPRIMÉ AU PORT-AU-PRINCE,

PAR LE F.·. PINARD.

www.ingramcontent.com/pod-product-compliance
Lightning Source LLC
LaVergne TN
LVHW010009230826
846092LV00002B/721